MERDE

© 2010 Presses Aventure pour l'édition française
© 2007 Orange Avenue Publishing LLC pour l'édition originale anglaise

Presses Aventure, une division de Les Publications Modus Vivendi inc.
55, rue Jean-Talon Ouest, 2e étage
Montréal (Québec) H2R 2W8, CANADA

Publié pour la première fois en 2009 par Zest Books, une division
de Orange Avenue Publishing sous le titre *Crap*

Traduit de l'anglais par Karine Blanchard

Artisans de l'édition originale
Directrice éditoriale : Karen Macklin
Directrice de la création : Hallie Warshaw
Directrice artistique : Tanya Napier
Recherche supplémentaire : Nikki Roddy
Designer graphique et production : Cari McLaughlin
Adolescents du groupe de discussion : Atticus Graven, Lisa Macklin,
Andrea Mufarreh, Trevor Nibbi, Sasha Schmitz

Dépôt légal - Bibliothèque et Archives nationales du Québec, 2010
Dépôt légal - Bibliothèque et Archives Canada, 2010

ISBN 978-2-89660-139-4

Nous reconnaissons l'aide financière du gouvernement du Canada
par l'entremise du Fonds du livre du Canada pour nos activités d'édition.

Gouvernement du Québec – Programme de crédit d'impôt pour l'édition
de livres – Gestion SODEC

Imprimé au Canada

MERDE

ou comment composer avec les ennuis de la vie quotidienne

Erin Elisabeth Conley
Karen Macklin
Jake Miller

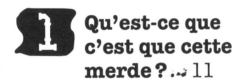

Table des matières

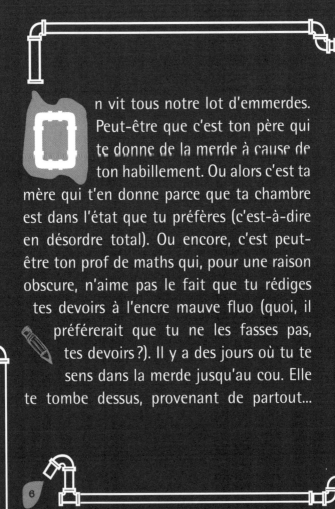

n vit tous notre lot d'emmerdes. Peut-être que c'est ton père qui te donne de la merde à cause de ton habillement. Ou alors c'est ta mère qui t'en donne parce que ta chambre est dans l'état que tu préfères (c'est-à-dire en désordre total). Ou encore, c'est peut-être ton prof de maths qui, pour une raison obscure, n'aime pas le fait que tu rédiges tes devoirs à l'encre mauve fluo (quoi, il préférerait que tu ne les fasses pas, tes devoirs?). Il y a des jours où tu te sens dans la merde jusqu'au cou. Elle te tombe dessus, provenant de partout...

ou sortant de nulle part. Elle peut surgir en un monstrueux amas ou en de minuscules tas. Et, juste au moment où tu penses avoir repris le dessus, elle réapparaîtra dans la forme la plus inattendue qui soit.

Oui, la merde, c'est déplaisant, mais ne la laisse pas gâcher ta journée, ou pire, ta vie. Le truc, c'est d'arriver à identifier de quel type de merde il s'agit pour pouvoir l'éviter, composer avec ou carrément t'en débarrasser. Pour arriver à gérer tout ça, respire un bon coup (ou pas) et, euh... poursuis ta lecture !

merde *merde [merd] n.f. vulg.*

1. n.f. Excrément de l'homme
et de quelques animaux.

2. interj. Exclamation de colère,
de mépris, d'indignation,
de surprise, de déception, etc.

3. merder [meʀde] v. i.
Ne pas réussir.

Qu'est-ce que c'est que cette merde ?

1

Avant de pouvoir saisir les principes de gestion de ces trucs qui t'assaillent, tu dois d'abord savoir les identifier. C'est à ce moment que la fine science de la *merdologie* entre en jeu. Devenir un *merdologue* chevronné (c'est-à-dire apprendre à distinguer les différents types de merde) peut t'aider à mieux anticiper ce qui va te tomber dessus. Ainsi, tu seras mieux outillé pour composer avec ou simplement l'éviter. En voici les quatre principaux types.

1. La merde autoritaire

Ce type d'emmerdes t'es donné par tes parents, tes profs, tes patrons ou quiconque en position d'autorité. Il est le plus souvent associé aux marathons de jeux vidéo en ligne, aux devoirs remis en retard, à la paresse au travail et autres «problèmes» divers. Par exemple, on pourrait te donner de la merde parce que tu n'as presque pas été à la maison une semaine, puis parce que tu n'es presque pas sorti de ta chambre la suivante.

La merde autoritaire est particulièrement répugnante quand on y ajoute des comparaisons. Tu te trouves alors jugé, comparé à quelqu'un d'autre ou à l'idée qu'on se fait de qui tu es (ou qui tu n'es pas). Tu pourrais être comparé à ton frère ou ta sœur, au cerveau de la classe, au chouchou du

prof, à ton partenaire de tennis ou à l'âme cha-
ritable de la communauté. Tu pourrais aussi être
critiqué parce que «les jeunes, dans mon temps...»
ou encore parce que tu n'es pas à la hauteur de
ton propre comportement antérieur. Ces variantes
de la merde initiale sont franchement détestables,
surtout parce qu'elles discréditent toutes les belles
qualités qui, elles, font partie de ta personnalité.

2. La merde par les pairs

Celle-là vient des gens qui ont sensiblement le même âge que toi. Pense à tous ces amis à double-face, ces amoureux jaloux, ces collègues ratés qui ne te couvrent pas quand tu veux prendre congé ou, pire, ces frères et sœurs qui volent ce qui t'appartient et courent le dire à tes parents quand ils te prennent sur le fait, en train de défier un interdit.

3. La merde personnelle

Ça, c'est la forme la plus répandue et la moins facile à identifier (parce qu'on ne veut pas la voir – en effet, plusieurs pensent que toute merde leur est lancée dessus par des forces extérieures). Ce type se décline en plusieurs formes, dont la plus violente est l'autocritique (voir p. 62). Tu es particulièrement sujet à ce type de merde si tu te tapes sur la tête chaque fois que : tu coules un test pour lequel tu as durement étudié; tu déçois un parent ou un ami; tu t'embarres en dehors de la maison ou de la voiture; tu perds la montre préférée de ton frère; tu sens que tu as quelques kilos en moins ou en trop. Tu peux aussi te mettre dans la merde en te conduisant de façon à ce que ta vie s'en trouve désavantageusement affectée (c'est-à-dire en agissant comme une ordure, en volant l'amoureux de ta meilleure amie [ou l'amoureuse de ton meilleur ami] ou en faisant la fête la veille des examens finaux.).

Êtes-vous bien assis ?

L'évacuation tient une grande place dans la vie des gens : en moyenne, une personne passe trois années de sa vie sur la toilette.

4. La merde universelle

Certains l'appellent aussi « malchance » (ou même « mauvais karma » - voir p. 104). Par exemple : ton bal de finissants tombe le même week-end que la réunion de famille annuelle (et obligatoire); ton lapin meurt des suites d'une maladie rare qui affecte 0,0001 % des lapins; tu attrapes la grippe la veille de ton premier rendez-vous avec le gars ou la fille de tes rêves.

Qu'est-ce que c'est que cette merde ?

De quoi la merde est-elle réellement composée ?

75%
eau

30%
bactéries mortes

30%
aliments non digestibles

10–20%
cholestérol et autres gras

10–20%
matières inorganiques

2–3%
protéines

Pourquoi on nous emmerde ?

Tu ne peux pas toujours empêcher les gens de te tomber dessus, mais tu peux tenter de comprendre pourquoi ils le font, ce qui pourrait adoucir l'offense (un peu). En effet, si tu t'arrêtes une seconde pour analyser la situation, tu pourrais découvrir que ceux qui te donnent de la merde ont peut-être une bonne raison de le faire. Souvent, ils veulent juste t'aider, même si leurs méthodes sont tout à fait discutables, voire méprisables. Enfin, c'est peut-être simplement qu'eux-mêmes en reçoivent des tas ou qu'ils en ont jadis reçu leur part.

Voici quelques raisons qui expliquent pourquoi les autres nous emmerdent.

Qu'est-ce que c'est que cette merde ?

- Ils t'aiment bien (peut-être même qu'ils t'aiment vraiment).

- Ils ne t'aiment pas.

- Ils ne s'aiment pas.

- Ils projettent sur toi leurs propres peurs, leurs idées, leurs espoirs, leurs rêves ou leurs insécurités.

- Leur candidat préféré de *Star Académie* vient d'être éliminé.

- Ils veulent te voir réussir.

- Ils travaillent trop, manquent d'argent, ne dorment pas assez ou sont globalement à bout.

- C'est plus facile pour eux de t'emmerder que de composer avec leur propre merde.

- Ils n'ont pas pris leur café matinal.

La merde botanique

Pendant la photosynthèse, les plantes rejettent l'oxygène comme un déchet dans le processus de création des sucres qui les maintiennent en vie. En d'autres mots, l'air qu'on respire, dont on a besoin pour vivre, n'est ni plus ni moins qu'une sorte de merde, produite par les arbres et les herbes sur terre, puis par le phytoplancton dans la mer.

C'est de la merde.
Ah oui ? Vraiment ?

éfinir le concept de merde peut être délicat, puisque beaucoup de ce que nous pensons initialement être de la merde se trouve à être plutôt bon pour nous. L'idée, c'est de faire la différence entre la critique constructive et le jugement qui nous fait perdre temps et énergie et qui ne mène nulle part.

Pour savoir si tu as affaire à une vraie merde, tu dois lui faire passer le test. En fait, tu dois te demander si elle a un quelconque impact sur ta vie. Par exemple, tu as sans doute l'impression que toutes ces heures de pratique passées au terrain de basket, sur la ligne de lancer-franc, sont vraiment merdiques. Mais si tu le fais parce que

Qu'est-ce que c'est que cette merde ?

tu veux intégrer la ligue universitaire un an plus tôt que prévu (ou si tu as parié avec ton père une double allocation pour un mois si tu atteins ton objectif), alors c'est loin d'être la merde. Dans ce cas, ce n'est que l'effort inévitable qui vient avec le travail qu'on déploie pour atteindre un but. La prochaine fois que tu as un doute, prends le temps d'analyser la situation. Pose-toi les questions suivantes :

- y a-t-il un but derrière tout ça ?

- est-ce que, un jour, ça va te mener quelque part ?

- est-ce que, en quelque sorte, c'est bon pour toi ?

Si tu as répondu oui à une de ces questions, tu n'as sans doute pas affaire à de la vraie merde.

66 Si tu te retrouves dans un trou,
la première chose à faire
est d'arrêter de creuser. **99**

– Will Rogers, cow-boy

> 66 Les gens pensent que c'est amusant d'être un super-génie, mais ils ne savent pas à quel point c'est difficile de composer avec tous les crétins qui nous entourent. 99
>
> - Calvin,
> de Calvin et Hobbes

Éviter la merde

Alors que certaines merdes sont nécessaires, certaines peuvent même t'être bénéfiques, mais il reste que d'autres devraient carrément être évitées Malheureusement, ce n'est pas toujours possible d'esquiver les dégâts. Par contre, avec la bonne philosophie et les techniques appropriées, tu seras bien mieux outillé pour éviter de mettre le pied dans l'amas qui se trouve devant toi.

Répugnant !

Les chercheurs pensent qu'il y a une bonne raison derrière le dédain qu'ont les humains de l'aspect et de l'odeur des excréments : c'est pour nous tenir éloignés des toxines et des maladies contagieuses qui, parfois, se retrouvent dans ces déchets. Ceci démontre que, d'une façon ou d'une autre, éviter la merde est bénéfique pour ta santé (morale ET physique).

Choisis tes batailles

Bon, tu es en colère et tu veux régler la situation. Mais avant de passer à l'action, pense un peu à la quantité de merde que la confrontation peut générer. Oui, ça peut sembler vain, lâche ou même faible de ne pas tout de suite faire savoir à ton opposant à quel point il est dans le champ. Ne perds pas de vue que ton temps est précieux. Tu veux vraiment le gaspiller à t'obstiner avec quelqu'un qui n'a aucune idée de ce qu'il avance (ou qui est trop têtu pour remettre en question son point de vue)? Tu seras surpris d'apprendre que, parfois, la façon la plus brave et la plus intelligente de régler un conflit est de te la fermer et d'attendre que ça passe.

Ce qui ne veut pas dire que tu doives sacrifier ce en quoi tu crois – c'est hyper important que tu défendes tes valeurs. Mais la plupart des trucs pour lesquels on argumente ne sont souvent pas si importants que ça. Dans ces cas-là, laisse-les gagner, ces personnes malfaisantes. Plus tôt tu les laisses croire qu'elles ont gagné, plus tôt tu peux retourner vivre ta vie, comme tu l'entends.

Merde alors !

En mai 2008, une New-Yorkaise a poursuivi la ville de Norwalk au Connecticut pour 100 $, tout ça à cause d'une merde. Elle affirmait que, pendant une visite en famille à l'Aquarium de Norwalk, son fils d'un an a marché dans un caca de chien, ruinant la belle sortie familiale – et les souliers du garçon. (Évidemment, ce jeune homme n'avait pas appris à éviter les merdes.)

Les fonctionnaires de la ville ont trouvé la requête plutôt idiote. La réponse officielle de l'avocat de la municipalité, M. Jeffry Spahr, a été : « Sa demande est rejetée; on se retrouve tous dans la merde un jour ou l'autre. »

Un incommensurable tas

Si tu veux à tout prix éviter la merde, ne planifie pas un voyage dans les jungles d'Asie. L'éléphant d'Asie peut produire jusqu'à 225 kilos (500 livres) de merde par jour. Maintenant, pense à ton propre poids et imagine un peu combien de ta petite personne un éléphant peut décharger par jour.

Évite les emmerdeurs

Une oie peut déféquer toutes les sept minutes. Maintenant, sache que certaines personnes sont comme les oies. Elles sont tellement détestables qu'elles semblent décharger quelque chose à intervalles réguliers. Ça peut être un «ami» qui parle toujours contre les autres membres de votre clan, ou quelqu'un de ta famille qui te fait toujours sentir comme un moins que rien, ou encore un prof qui s'amuse à faire passer ses élèves pour des tartes. Plus tu te tiens avec ce genre d'emmerdeurs, plus tu risques de mettre le pied dans quelque chose de dégoûtant. Essaie plutôt de t'entourer de gens qui dégagent une belle énergie positive, qui mettent les autres à l'aise tout de suite, puis tente plus que tout d'éviter les merdes inutiles.

C'est parfois facile de mettre cette théorie à l'épreuve. Par exemple, la prochaine fois que tu te trouves dans une fête et que tu entends tout le monde parler dans le dos de quelqu'un qui n'est pas là – ce quelqu'un pouvant même être ton ami – énumère plutôt les qualités de cette personne, ou mentionne le fait que tu n'es pas très à l'aise de parler contre un absent. Si tes paroles sont accueillies par des rires, éclipse-toi et trouve une autre oreille à qui parler.

Échapper à la négativité des adultes emmerdeurs, c'est un autre défi. Surtout si tu dois composer avec ces personnes tous les jours. Dans ces cas-là, tu es mieux de simplement faire ce qu'ils attendent de toi, le plus efficacement possible, de sorte que tu puisses passer à autre chose plus rapidement.

Éviter le pire

Il y a de ça très (très) longtemps, un économiste italien du nom de Vilfredo Pareto a découvert quelque chose qu'on appelle le paradigme 80:20 (ou la loi de Pareto). Il a déterminé que 20 pour cent de la population mondiale possèdent environ 80 pour cent des ressources. Cette règle (généralement détestable) s'applique à d'autres scénarios. En effet, tu remarqueras qu'environ 20 pour cent tu travail que tu fais te fait gagner à peu près 80 pour cent de ton argent ou que 20 pour cent des gens les plus haïssables de ton entourage sont responsables de 80 pour cent de ta souffrance.

Comment cette loi s'applique-t-elle à toi? La meilleure façon de réduire la quantité de merde qui te tombe dessus est de déterminer quelles merdes ont plus d'incidence dans telle situation et de te concentrer sur elles plutôt que sur l'ensemble des merdes qui rôdent dans l'univers. Pour mettre de l'avant cette philosophie, tu dois être attentif aux commentaires et aux réactions des gens qui t'entourent. Si ton père tient mordicus à ce que ta chambre soit rangée, ne passe pas le week-end à tondre la pelouse. Si la participation en classe compte pour 80 pour cent de la note finale, assure-toi de poser des questions et de répondre à celles que le prof pose. Si tu sais qu'une de tes profs te fait perdre les pédales, réarrange ton horaire pour ne pas l'avoir l'an prochain. Ce n'est pas d'être lâche que de vouloir se sortir d'un guêpier; c'est de l'efficacité... dans sa plus belle expression.

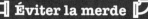

> 66 *C'est important d'apprendre à se sortir d'un guêpier, c'est ce qui nous différencie des animaux... sauf des guêpes.* 99
>
> – Homer Simpson,
> dans *Les Simpson*

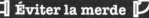

66 *Ne bottez jamais un tas de merde fraîche par une journée chaude. -* **99**

Harry S. Truman, ancien président des États-Unis.

Ne te mets pas volontairement dedans

Quand on s'arrête un peu pour y penser, on se rend compte qu'on crée une grosse partie de nos propres merdes. Si ton entraîneur te crie après parce que tu es encore arrivé en retard à la pratique, ou si ta mère t'enlève tes clés de voiture pour une semaine parce que tu as encore eu un billet de stationnement, tu peux être tenté de leur faire porter le blâme (voir p. 106). Dans le fond, tu sais très bien que ce sont tes mauvaises habitudes – comme être toujours en retard (partout) et te stationner devant un parcomètre (quand tu n'as pas de monnaie) – qui t'ont initialement mis dans ce pétrin.

Tu ne trouves pas que les gens autour de toi t'emmerdent assez comme ça? Moins tu en ajoutes par-dessus tout ça, mieux c'est. La meilleure chose à faire? Changer ces mauvaises habitudes emmerdeuses. Programme ton réveil pour qu'il sonne dix minutes plus tôt ou laisse toujours quelques pièces dans le cendrier de ta voiture. Ces petits changements volontaires sont étonnamment pénibles à réaliser (tu l'as d'ailleurs peut-être déjà expérimenté), mais tu dois faire attention. Avec le temps, tu verras que la vie est beaucoup plus facile quand tu n'es pas perpétuellement en train de t'autosaboter.

Gestion merdique

Bien que tu souhaites plus que tout les voir disparaître, certaines merdes sont simplement inévitables. Tu dois composer avec ce prof, parce que c'est lui qui te donne tes notes pendant toute l'année. Et il n'y a rien que tu aurais pu faire pour éviter de te casser la jambe juste avant le repêchage.

Ce genre de merdes – celles que tu ne peux simplement tasser ou ignorer – requièrent une attention particulière. Dans ces cas-là, si désastreux soient-ils, tu n'as pas le choix : prends sur toi et fonce.

Merde spatiale

Les astronautes portent des couches haute technologie afin de pouvoir travailler dans l'espace sans interruption pendant des heures. Voilà une bonne façon de te rappeler que, parfois, pour que les choses avancent, tu dois accepter de vivre avec une certaine quantité de merde.

Au secours !

Tu es dans la merde et tu as besoin d'aide. Demander à tes amis de saisir leur pelle et de creuser avec toi, c'est une bonne chose. Si tu es toi-même une bonne personne, le genre qui n'hésite pas à donner un coup de main, tu n'auras sans doute aucun problème à trouver l'aide nécessaire en retour. Laisse tomber l'orgueil; laisse les autres t'aider à te sortir de là. Pour faciliter le «désemmerdement» en groupe, essaie ces différentes méthodes.

1. Échange de bons procédés

Pour récompenser le soutien de ton ami, pro-
mets-lui une faveur – offre-lui de le conduire
à l'école le matin ou de l'aider à étudier cette
matière dans laquelle tu excelles.

2. Une fête pour en finir

Qu'il soit question de nettoyer le garage ou de superviser ta petite sœur et ses petits amis, les tâches merdiques sont plus agréables à abattre en bonne compagnie (avec un petit coup de main). Commande quelques pizzas, monte le son, et appelle tes copains.

3. **Demande-le gentiment (ou supplie)**

Quand tu as vraiment besoin d'aide, il est préférable que tu sois direct et honnête. Tu verras, tes vrais amis seront heureux de mettre l'épaule à la roue.

Visualisation d'évasion

ans ces moments où la merde est vraiment inévitable, ton cerveau te sera plutôt utile. Tu peux traverser les moments difficiles en visualisant la personne qui te donne de la merde dans une position loufoque ou embarrassante. Les comédiens le font tout le temps pour vaincre le trac. Ils s'imaginent que le public est tout nu. La différence, c'est que, toi, tu n'essaies pas de surmonter une peur. Tu essaies simplement de supporter une situation insupportable grâce à une petite touche d'humour... très personnel.

Alors, par exemple, disons que ta nouvelle patronne te fait savoir qu'elle surveillera de près la quantité exacte de crème glacée que tu mets dans chaque cornet. Tu ne peux pas démissionner. Tu as besoin de ce job pour payer les primes d'assurance de ta voiture. Essaie plutôt de visualiser un mince filet d'une substance dégoûtante qui lui coule entre les deux yeux chaque fois qu'elle te regarde. Ou encore, quand ton prof d'histoire te crie après, imagine plutôt que c'est un canard et que tout ce que tu entends, c'est des « coin-coin » disgracieux.

Rappelle-toi cependant que la moitié du succès de cette technique réside en ta capacité à dissimuler le tout. L'expression sur ton visage ne devrait jamais trahir ce qui se passe dans ta tête. Tu devrais afficher un air relativement sérieux et, surtout, éviter les rires maniaques et les accès de colère.

L'étymologie du mot

«Merde» est un mot vulgaire utilisé comme nom, comme interjection ou comme verbe conjugué. Dans l'histoire, il fut entendu chez des gens de tous les milieux. Napoléon lui-même en aurait été un fervent utilisateur. Ceci dit, le mot, attesté pour la première fois en 1179 dans le *Roman de Renart*, provient du latin *merda*, qui signifie «fiente» ou «excrément». Il reste qu'on ne peut attester avec certitude son étymologie exacte.

En vérité, personne ne s'entend à savoir comment le mot est passé dans l'usage, mais tous sont d'accord pour dire que le concept dépasse toutes les barrières langagières et culturelles.

Donne-toi une petite chance

La pire des merdes provient généralement de l'autocritique. Est-ce que tu es le genre à te punir pour ces deux kilos que tu penses (c'est dans ta tête) devoir perdre? Pour ce machin de la relativité que tu sembles être la seule à ne pas comprendre dans ton cours de physique? Ou pour cette blague stupide que tu as faite devant ton béguin?

En vérité, nous sommes souvent nos pires détracteurs, voire nos propres ennemis jurés. Tu n'as peut-être pas le contrôle sur ce que les autres te lancent par la tête, mais tu peux au moins faire l'effort d'amoindrir ce que tu décharges sur toi-même.

Gestion merdique

Cette petite voix, dans ta tête, celle qui te pile dessus quand ça ne va déjà pas et qui te fait croire que rien ne peut s'arranger, ça te dit quelque chose ? Eh bien, dis-lui de se la fermer et d'aller se faire voir ! Dis-lui à voix haute, s'il le faut (mais assure-toi d'abord qu'il n'y a personne aux alentours). Au cours de ton existence, tout le monde ne s'acharnera pas à te faciliter la vie. Si tu es brillant, tu tenteras au moins de le faire pour toi-même.

Le bon côté des choses

arfois, alors que les choses ne pourraient vraisemblablement pas être pires, ça arrive. C'est vrai. Aussi désolant que ça puisse paraître, peu importe la merde qui te tombe dessus maintenant, la prochaine pelletée pourrait être encore plus répugnante et destructrice. Évidemment, le fait de savoir ça ne change rien à ce que tu vis maintenant, mais ça peut tout de même t'aider à mettre les choses en perspective.

Enfin, pour apprécier le bon côté des choses, tu dois d'abord en imaginer le pire. Et si ces sales types ne t'avaient pas simplement pris ton sac et ton vélo, mais qu'ils avaient mis la main sur ton nouveau iPhone, en plus? Ou si tu avais été largué pour ton ex-ami au lieu de cet étudiant étranger qui retourne chez lui à la fin de l'année? Et si tu avais vraiment heurté cette vieille dame que tu as failli renverser pendant ton examen de conduite? Ou si tu t'étais ramassé avec les deux jambes cassées plutôt qu'une cheville foulée en faisant de la planche à neige?

La prochaine fois que tu te sens assailli d'ennuis, rappelle-toi que la bonne nouvelle, c'est que la mauvaise nouvelle aurait pu être bien pire.

Il faut savoir en rire

Le rire est un excellent antidote aux em-merdes. Mais rire de ce qui nous tombe dessus, surtout quand c'est terrible, est un exercice qui peut être difficile à réaliser tout seul. Alors, rassemble tes amis et lancez-vous dans une partie de Roi de la montagne merdique.

Ce jeu vous permettra de découvrir qui a vécu le pire, puis vous pourrez, ensemble, en rire. Les règles sont simples : chacun, à son tour, révèle son suprême moment mortifiant et celui qui provoque la plus grande hilarité l'emporte.

Si tu veux structurer la partie, encadre chaque round d'une question du genre : « Qui a eu le pire premier rendez-vous ? » Ton amie pourrait révéler qu'elle croyait être en plein rendez-vous galant quand le gars lui a présenté sa copine. Un autre pourrait raconter qu'il était sur le point de passer aux choses sérieuses avec la fille de ses rêves quand celle-ci lui a balancé : « Tu sais que j'aime les filles, non ? » Si tu traverses une période particulièrement merdique et que de sortir vainqueur d'au moins une chose pourrait te faire du bien, ce jeu est fait sur mesure pour toi.

66 *Les rires et les pleurs sont deux réponses possibles aux frustrations et à l'exaspération. Personnellement, je préfère rire; c'est tout simplement moins salissant.* **99**

- Kurt Vonnegut,
auteur américain (1922-2007)

Fais-en bon usage

Parfois, la meilleure façon de composer avec les merdes est d'en faire bon usage. Les animaux, par exemple, savent très bien à quel point leurs déchets peuvent être utiles. Ils s'en servent même pour marquer leur territoire. L'odeur rappelle aux autres animaux de ne pas venir en ajouter, que la cour est pleine.

Ainsi, la prochaine fois que tu te retrouves enseveli, essaie d'imaginer les façons de tourner ça à ton avantage. Est-ce que tu peux en apprendre quelque chose? Y a-t-il une personne sympa que tout ça te permettrait de rencontrer? Est-ce que ça pourrait te fournir de belles occasions d'emploi ou de stage?

Si, par exemple, tu te trouves coincé à travailler le soir du bal de finissants, tu pourrais saisir l'occasion pour apprendre à connaître cette nouvelle employée (qui est mignonne comme tout). Ou encore, si tu es pris en retenue tous les soirs de la semaine après l'école, pourquoi ne pas en profiter pour rédiger le script de ton prochain épisode web ou de ta pièce de théâtre ?

Qui sait, ça peut même être payant de te mettre volontairement dans la merde. Si tu te fais engager pour servir le café à la maison d'édition qui publie ta revue préférée, c'est sûr que tu vas t'emmerder. Mais quand ils vont ouvrir le stage d'été, c'est ton CV qu'ils vont lire en premier.

Tiens-toi debout

Il y a d'autres moments où tu sais que ce qu'on te décharge dessus est injuste et où tu dois t'y opposer. Ton prof t'a peut-être fait couler pour ta dernière rédaction parce que les notes de bas de page n'étaient pas exactement dans le format qu'elle voulait. Ton copain ou ta copine te force peut-être à te mettre sur ton trente et un pour aller dans sa famille, alors que tu n'es pas confortable dans tout ce qui est plus habillé qu'un jean. Dans ces cas où tu sens que tu es sincèrement en droit de protester, affirme-toi. Mais fais-le intelligemment. Voici deux petits conseils.

1. **Tu NE DOIS PAS perdre ton sang-froid.**
Tu n'arriveras à rien en hurlant à ton prof : « Je
te déteste ! Toi et tes notes de bas de page fou-
trement exactes ! » ou pire : « Tu peux prendre ton
petit air supérieur et te le mettre où je pense ! »

2. Tu DOIS exposer ton point de façon calme et rationnelle. Surtout, tu dois l'expliquer de manière à ce que ton opposant puisse comprendre. Si ton prof est quelqu'un qui sait reconnaître le travail assidu, fais-lui remarquer que tu as eu des A dans tous tes autres travaux, puis prie-la d'accepter ton travail tel qu'il est. Si ton copain ou ta copine admire ton côté comique, fais-lui comprendre, avec humour, que tu n'arriveras pas à apprécier toutes les savoureuses histoires de jeunesse de son père si tu as des souliers vernis dans les pieds.

Cette technique d'affirmation n'est pas infailli-
ble, mais plus tu te battras pour ce que tu crois
juste, plus tu seras fidèle à toi-même et moins les
emmerdes sauront te trouver.

Échec et mat

Une des pires merdes qui nous talonnent, c'est notre propre peur de l'échec. On a peur de décevoir les autres, de se décevoir soi-même, de couler un cours, de perdre un emploi, de mettre en rogne un plus grand et gros que soi, puis de vivre l'échec de se faire planter par ce dernier. On a si peur de l'échec qu'il arrive qu'on ne fasse absolument rien au lieu de courir le risque d'échouer. Le problème, c'est que si tu ne prends jamais de risques, tu ne réaliseras jamais ton plein potentiel (et tu deviendras plutôt une cible potentielle pour quantité d'emmerdes).

La façon la plus efficace de vaincre sa peur de l'échec est de foncer dans le tas. Choisis une activité pour laquelle tu n'es vraiment pas doué, puis exécute-toi en public. Chante et joue de la guitare dans la rue, invente une nouvelle danse et présente-la à tes amis ou raconte des farces plates dans une soirée «micro ouvert». Observe ton comportement pendant que tu vis cette expérience.

Ensuite, répète le processus avec une activité dans laquelle tu as vraiment envie de performer. Tu vas peut-être te planter, la première fois. Puis, la deuxième. Tu échoueras peut-être 12 fois avant de la maîtriser. Avant l'ère numérique, on pouvait distinguer les meilleurs photographes à la taille de leur corbeille. Les plus grands photographes prennent des millions de photos. Seulement quelques-unes sont géniales. Le reste est généralement pourri. Apprendre à échouer dignement, c'est la première étape vers le succès et... moins d'emmerdes.

On ne rit plus

On l'a bien assez dit, les merdes, c'est emmerdant, parfois même scandaleusement. Mais ça peut aller plus loin que ça. Même les plus petits ennuis, les plus insignifiantes merdes peuvent s'empiler et te laisser dépassé, stressé, voire déprimé.

C'est pourquoi il te faut développer de bons mécanismes de défense. Écrire pour canaliser ses frustrations, c'est franchement efficace. Mais on peut aussi parler à un ami, faire quelque chose de créatif, écouter de la musique, faire de l'exercice ou prendre une très longue marche.

Si tes tactiques antistress habituelles ne fonctionnent pas et que tu es toujours aussi découragé – ou que tu flirtes avec l'idée de te venger sur quelqu'un (ton prof, toi-même, un camarade de classe, un petit animal en peluche) –, fais appel à de l'aide professionnelle : un thérapeute, le psy de l'école ou une ligne d'aide pour ado. Il n'y a pas de honte à le faire ; beaucoup de gens consultent. Il y a tellement de merdes dans le monde... On a tous besoin d'un petit coup de main pour faire son chemin à travers tout ça.

4

Les lois de
l'évacuation

Tu ne pouvais l'éviter. Et tu es fatigué de t'en préoccuper. Parfois, tu dois simplement t'en débarrasser.

Au niveau biologique, on ne fait pas grand cas de l'évacuation de nos déchets. Tous les organismes, de la plus microscopique amibe unicellulaire au complexe Homo sapiens, ont une façon de se débarrasser de ce dont leur corps n'a plus besoin. Depuis les premiers égouts construits dans la vallée de l'Indus il y a plus de 5 000 ans, les diverses civilisations ont conçu des façons de plus en plus sophistiquées pour avoir le dessus sur nos rejets collectifs. Pour ta part, pas besoin de tuyau – ou même de cuvette – pour éliminer la merde de ta vie. Quand tu te sens prêt, tu n'as qu'à tirer la chasse.

C'est du sérieux

Dans certaines cultures, l'évacuation n'est pas prise à la légère. À Singapour, tu peux avoir une amende allant jusqu'à 1 000 $ si tu n'as pas tiré la chasse d'une toilette publique.

Gestion des déchets

ne bonne façon d'éliminer ce qui est néfaste dans ta vie, c'est d'abord d'observer comment tu occupes ton temps.

Que pourrais-tu rayer de ton horaire qui t'épargnerait beaucoup de peine, sans sacrifier ce à quoi tu tiens?

As-tu pensé à...

- ces choses que tu fais pour impressionner (ou gagner le respect) des gens que tu n'aimes pas vraiment et dont tu ne te souviendras pas dans cinq ans?

- ces choses que tu fais parce que tu les as toujours faites, sans jamais vraiment savoir pourquoi?

* ces choses que tu fais seulement pour plaire à ce membre de ta famille pourtant si difficile à contenter?

* ces choses qui hypothèquent ton espace physique (et mental, par extension), comme ces espadrilles lilas qui traînent au fond de ta garde-robe ou ces milliers de courriels déjà lus qui polluent ta boîte de réception?

En éliminant le superflu de ta vie, tu feras de la place pour ce qui compte vraiment pour toi.

Déclarer forfait

 uiconque t'a déjà dit que ceux qui abandonnent n'en ressortent jamais gagnants est un vrai perdant. Ou, du moins, il a tort.

Évidemment, si tu baisses les bras chaque fois que les choses se corsent, on a un problème. Mais si tu t'acharnes sur ces merdes qui te déplaisent ou qui ne sont d'aucun intérêt pour toi, tu perds un temps précieux que tu pourrais utiliser à meilleur escient, en faisant des trucs importants à tes yeux. Parfois, pour avancer, il vaut mieux abandonner.

Pour que ton abandon rime avec succès et bonheur, pose-toi d'abord ces six questions-clés.

Si les réponses à ces questions t'apprennent que tu perds ton temps sur des futilités, montre-toi la sortie, et plus vite que ça.

- Si je finis ce projet, quelles sont les meilleures choses qui peuvent en ressortir?

- Si je ne le finis pas, quelles sont les pires choses qui pourraient arriver? Pense aux conséquences immédiates, puis à court et à long terme.

- Comment je me sentirai si je ne finis pas?

- Quelle sera l'opinion des cinq personnes qui comptent le plus pour moi?

- Qu'est-ce que je pourrais être en train de faire à la place?

- Comment je me sentirais si j'optais pour cette alternative?

Enterrer le merdier

Si tu as plus de cinq ans, tu te vois affublé d'un certain type d'emmerdes qui ne fait que se multiplier avec les années : les emmerdes émotionnelles. En vérité, ce lot relève beaucoup de ce que tu as vécu. Tu es peut-être encore en colère contre tes parents parce qu'ils ne t'ont pas donné le motocross qu'ils t'ont promis à l'annonce de leur divorce.

Peut-être es-tu encore fâché contre ta meilleure amie qui s'est acheté les chaussures qu'elle savait que tu avais dans la mire. Sans oublier ton petit frère qui a fureté dans ton ordinateur et mis au jour ton obsession secrète pour *High School Musical*. La liste peut être longue.

Les lois de l'évacuation

Il est temps de reléguer toute cette merde à sa place, c'est-à-dire dans le passé. Pour guérir ces vieilles blessures et te défaire de ces irritations mineures (ou majeures), tu peux te soumettre à une cérémonie symbolique de purification. Les méthodes pour y arriver sont multiples : tu peux y aller d'incantations en faisant brûler de la sauge (si tu es versé dans ce genre de truc), tu peux donner tes vieux vêtements pour repartir en neuf ou encore redécorer ta chambre, l'embellissant d'objets qui laissent présager un avenir glorieux (dépourvu d'emmerdes). Te voilà ragaillardi, prêt à orchestrer un rituel d'enterrement pour tous ces trucs auxquels tu associes des souvenirs douloureux, comme d'anciens bulletins pas trop reluisants, des photos de ton ex, ou la lettre de refus du programme dans lequel tu voulais t'inscrire. Maintenant que tu es tout frais, «purifié», respire profondément et laisse ta vie suivre son cours.

À inscrire
au calendrier

Le 19 novembre, c'est la Journée internationale de la toilette, instaurée par le *World Toilet Organization* (WTO), pour sensibiliser les gens au manque d'installations sanitaires de base dans le monde, un problème qui touche deux milliards de personnes.

Toilettes en vedette

Si tu veux vraiment éliminer la merde de ta vie, tu peux toujours planifier une visite au Musée international des toilettes, à New Delhi, en Inde. Le fondateur du musée est aussi le fer de lance d'une organisation sanitaire à but non lucratif qui a pour mission d'éduquer les gens sur les multiples façons de se débarrasser des excréments.

Écrire sans se retenir

Écrire dans un journal est l'une des meilleures façons de libérer ta tête – et ta vie – de tout ce qui t'assaille. Ça peut être aussi simple que d'écrire tous les jours quelques mots sur une retaille de papier que tu glisses dans un classeur caché sous ton matelas, et aussi élaboré qu'un blogue anonyme que tu partages avec le monde entier. Tu peux aussi composer des lettres hargneuses adressées aux personnes qui t'ont blessé, puis les jeter (ou les brûler).

Ton journal doit devenir comme le dépotoir de tous tes déchets toxiques. Lances-y tous tes problèmes. L'acte même d'écrire peut t'aider à nettoyer ton système. Puis, dans quelques mois, quand tu le liras, tu pourras mettre les choses en perspective.

Ce que tu as vécu peut t'aider à composer avec ce que tu traverses maintenant. Après un certain temps, tu arriveras sans doute à identifier une sorte de tendance ou de modèle répétitif dans le genre de merdes qui te tombent dessus, et tu pourras enfin agir pour mieux t'en débarrasser.

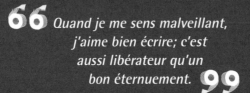

66 *Quand je me sens malveillant,
j'aime bien écrire; c'est
aussi libérateur qu'un
bon éternuement.* **99**

– D.H. Lawrence, auteur anglais
(1885–1930)

66 *Il y a deux dilemmes qui agitent le cerveau humain : comment retenir une personne qui veut partir et comment se débarrasser d'une personne qui veut rester ?* 99

- Danny DeVito,
incarnant Gavin, dans
La guerre des Rose (1989)

Interrompre le cycle merdique

Quand tu te trouves soudainement enseveli dans la merde, c'est tout à fait normal de vouloir la déverser sur quelqu'un d'autre. Une merde ne vient jamais seule, à ce qu'on dit, c'est pourquoi, chaque année, les tyrans de l'école s'attaquent aux plus jeunes parce qu'ils ont eux-mêmes été tyrannisés les années précédentes. C'est aussi pourquoi ton patron te traite comme un moins que rien, parce que sa femme et ses enfants lui ont crié après la veille.

Alors, même si ça fait beaucoup de bien de savoir que les gens t'emmerdent parce qu'ils se font eux-mêmes emmerder, il est essentiel de ne pas perpétuer le cycle merdique en emmerdant, à ton tour, les autres. En d'autres mots : fais cesser le feu au lieu de l'alimenter.

Singe-moi

Les hommes ne sont pas les seuls à se mettre dans la merde. Quand les singes se sentent menacés, anxieux ou craintifs, ils peuvent te la lancer dessus (ou se la lancer entre eux). Humains ou primates, quand on est dans la merde, ce n'est pas joli!

Pour un bon karma

As-tu déjà remarqué que plus tu sèmes le bonheur autour de toi, plus tu sembles ensuite l'attirer? Si oui, c'est que tu as une petite idée de ce qu'est le karma. Le mot karma veut dire «action» en sanskrit et on attribue au concept des racines bouddhistes et hindoues. En gros, l'idée, c'est que les bonnes actions attirent la chance et que les mauvaises actions entraînent la malchance, et ce, tout au long de ta vie (et de tes vies futures, si tu crois en la réincarnation).

Donc, si l'on en croit les préceptes du karma, si tu emmerdes les autres, tu peux t'attendre à te faire emmerder, dans un avenir proche ou lointain. Dans un même ordre d'idées, si tu es sympa avec ceux qui t'entourent, la vie sera bonne pour toi aussi. Si tu choisis d'être une personne généreuse plutôt qu'avare, gentille plutôt que mesquine et tolérante plutôt qu'intransigeante, tu enrichiras ton bon karma. Et c'est la plus belle des façons de mettre un terme à tout cycle merdique.

C'est pas de ma faute !

Tu n'as pas obtenu le premier rôle dans la pièce de théâtre à l'école. Alors, tu passes tout le reste de l'année à accuser la fille qui l'a eu d'être une lécheuse de bottes de première, plutôt que d'accepter la situation et de t'occuper à peaufiner ton texte pour les prochaines auditions. Ou alors tu t'en prends à tes parents pour ton perpétuel célibat (c'est bien eux qui t'ont donné un vélo au lieu d'une voiture pour ton 16e anniversaire) plutôt que de perfectionner ton charme ravageur.

Interrompre le cycle merdique

Ça peut sembler plus facile de chercher des causes extérieures à ton malheur, mais, en faisant ça, tu pourrais nourrir le cycle merdique. Si tu alimentes la pensée que tout le monde sauf toi est à blâmer pour tes emmerdes, tu vas, consciemment ou non, continuer de les emmerder à ton tour. Puis, ils vont s'en prendre à toi, et ainsi de suite.

Essaie plutôt d'accepter le blâme pour ce dont tu es responsable. Ou, mieux encore, ne rejette la faute sur personne, accepte la situation telle qu'elle est, puis passe à autre chose.

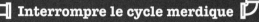

66 *Voilà l'homme tout entier,
s'en prenant à sa chaussure
alors que c'est son pied
le coupable.* **99**

- Samuel Beckett,
écrivain irlandais
(1906-1989)

Pit, pit, ploc !

Les petits des oiseaux ne portent évidemment pas de couches, alors leur maman et leur papa doivent disposer de leurs rejets... avec leur bouche. Donc, la prochaine fois que tes parents se plaignent de la quantité de merde que tu leur fais subir, tu peux toujours leur rappeler poliment qu'au moins ils n'ont pas à s'en débarrasser comme le font les parents oiseaux. De temps en temps, tu peux aussi les remercier pour toutes les fois où ils t'ont sorti de la merde. La reconnaissance est une excellente façon de briser le cycle merdique.

C'est payant !

Bien que la plupart des gens détestent se faire donner de la merde, certains aiment bien ça. En 2008, une merde de dinosaure, vieille de 130 millions d'années, à été vendue aux enchères à New York pour près de 1 000 $.

Sème la joie,
pas la merde

Si le simple fait de se faire dépasser en voiture peut ruiner le moral de quelqu'un, le simple fait de recevoir une dose impromptue de gentillesse peut vraiment faire sa journée. Pour aider à briser le cycle merdique, contribue au potentiel de bonheur universel en commettant plein de petits gestes bienveillants, au hasard, le plus souvent possible.

Voici quelques suggestions qui pourront t'inspirer.

- Souris aux cinq premières personnes que tu croises le matin.

- Offre de petits présents à tes parents et amis, de petites choses que tu crois qu'ils pourraient aimer, simplement pour leur faire plaisir, pas juste parce que c'est leur anniversaire ou qu'il y a une fête inscrite au calendrier.

* La prochaine fois que tu vois quelqu'un avec un persil dans les dents ou une fermeture éclair baissée, avise-le discrètement du problème, afin qu'il puisse y remédier. (Ceci implique de résister à la tentation de le prendre en photo, puis de la publier en ligne.)

* Achète des fleurs ou des chocolats pour une personne qui a besoin de se faire remonter le moral.

* Donne l'argent du péage pour la personne dans la file derrière toi.

Après avoir entamé cette propagande de bonheur, essaie de voir si tu remarques un changement dans la façon dont le monde semble prendre soin de toi.

Les pièges de
la vengeance

uand quelqu'un s'en prend à toi, l'idée de la revanche peut te sembler bien alléchante. Tu as peut-être envie de saccager la voiture de ton prof de maths qui a dit devant tout le monde que tu ne fais rien de bon ou encore de séduire, puis de larguer la petite sœur du gars qui vient de te piquer ta copine. Mais la revanche a un prix. D'abord, ça augmente considérablement tes chances de te retrouver encore plus dans la merde (rappelle-toi le concept du karma de la page 104). Et c'est tout simplement disgracieux pour toutes les parties concernées.

Interrompre le cycle merdique

Tu ne peux pas toujours empêcher les gens de déverser leur fiel sur toi, comme tu ne peux pas toujours esquiver les lots d'emmerdes qui t'attendent dans le détour. Mais il reste que tu as le pouvoir de choisir comment tu agis, puis comment tu réagis. Alors, plutôt que de gaspiller ton énergie à manigancer pour faire payer ceux qui t'ont emmerdé, utilise cette énergie à ton avantage pour aller de l'avant. La seule vision de toi en train de vivre une belle vie pleine d'harmonie est une punition en soi pour toutes ces personnes misérables qui détestent leur vie et qui ne recherchent que la compagnie d'autres gens misérables.

La vie après la merde (pas tout à fait)

 e voilà mieux renseigné au sujet de la merde. Tu l'as brassée, sentie, disséquée, analysée. Tu l'as bravée, rejetée, puis brûlée. Tu as peut-être même réussi à extraire, de la pire de ses formes, le meilleur.

Malheureusement, ça ne veut pas dire qu'elle va cesser de t'assaillir. La merde, après tout, ça fait partie de la vie. Elle est toujours présente, dans un flot constant, en plus. Dès que tu crois t'être débarrassé d'un type de merde, un autre refait surface. La bonne nouvelle, c'est qu'avec l'âge, tu seras de plus en plus doué pour composer avec.

Rappelle-toi toujours que ce qui t'apparaît comme la pire des merdes aujourd'hui aura peut-être nettement changé d'aspect dans quelques années. Alors, fais de ton mieux pour apprécier ce mal nécessaire, surtout quand tu n'arrives pas à t'en défaire. Oui, même la plus merdique des merdes peut devenir un enseignant, une source d'inspiration, un agent motivateur... bref, une étape vers quelque chose de mieux.

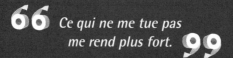

66 *Ce qui ne me tue pas
me rend plus fort.* 99

- Friedrich Wilhelm Nietzsche,
philosophe allemand (1844-1900)

Dans l'espace ci-dessous, inscris ton palmarès des pires emmerdes qui te soient tombées dessus.

1. _____

2. _____

3. _____

4. _____

5. _____

6. _____

7. _____

8. _____

9. _____

10. _____

Maintenant, liste les meilleurs trucs appris pour que plus jamais ces situations se reproduisent :

1. _____

2. _____

3. _____

4. _____

5. _____

6. _____

7. _____

8. _____

9. _____

10._____

À propos des auteurs

 Erin Elisabeth Conley est une éditrice et écrivaine à la pige qui partage son temps entre Buenos Aires, en Argentine, et Los Angeles, en Californie. Elle a également écrit plusieurs autres titres de la série Zeste : *Coup de foudre, ou comment ne pas perdre la tête en amour; Larguée, ou comment passer à autre chose* et *Pas cool, ou pourquoi c'est cool d'être débranchée.*

 Karen Macklin est une éditrice et écrivaine de San Francisco. Elle a écrit dans plus d'une douzaine de publications, dont *The New York Times, San Francisco Weekly* et le *Yoga Journal.*

Jake Miller est un écrivain de Boston, au Massachusetts. Il a participé à l'écriture de plusieurs essais, articles et critiques dans nombre de publications, dont *The New York Times*. Il est également l'auteur de *Décoder ma mère: comprendre ses caprices, ses tactiques et ses colères*.